Maja von Vogel

Mädchengeschichten

Illustriert von Eva Czerwenka

www.leseloewen.de

ISBN 978-3-7855-7460-7
Veränderte Neuausgabe 2012
1. Auflage 2012
© 2005 Loewe Verlag GmbH, Bindlach
Umschlagillustration: Eva Czerwenka
Reihenlogo: nach einem Entwurf
von Angelika Stubner
Printed in Italy

www.loewe-verlag.de

Inhalt

Beste Freundinnen

Anne ist Lisas beste Freundin.
„Kommst du später zu mir?",
fragt Lisa Anne nach der Schule.

Anne schüttelt den Kopf.
„Heute kann ich nicht.
Ich fahre mit Lotte zum Reiten."

Lotte geht auch in ihre Klasse.
Anne und Lisa mögen sie nicht,
weil sie immer so angibt.
Vor allem seit sie Reitstunden hat.

Aber jetzt hat Anne sich
trotzdem mit ihr verabredet.

„Viel Spaß mit der Angeberin",
sagt Lisa und lässt Anne
einfach stehen.

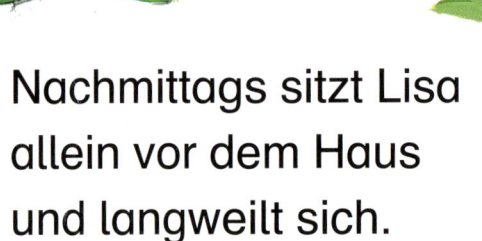

Nachmittags sitzt Lisa
allein vor dem Haus
und langweilt sich.

Da kommt Bea vorbei.
Sie wohnt nebenan.
„Wo ist denn Anne?", fragt Bea.

Lisa zuckt mit den Schultern.
Sie will nicht über Anne reden.

„Komm doch mit zu mir",
schlägt Bea vor.
Eigentlich hat Lisa keine Lust.

Aber dann geht sie doch mit.
Bea zeigt Lisa ihr Baumhaus.

„Wahnsinn!", sagt Lisa begeistert
und klettert hinter Bea
die Leiter rauf.

Dann spielen sie Piraten.
Das macht so viel Spaß,
dass Lisa das Abendbrot vergisst.

Am nächsten Morgen wartet Anne
vor der Schule auf Lisa.
„Bist du noch sauer?", fragt sie.

Lisa schüttelt den Kopf.
„Nö. Wie war's denn gestern?"

„Geht so", antwortet Anne.
„Lotte hat mich keinmal reiten lassen.
Spielen wir heute wieder zusammen?"

„Ich bin schon
mit Bea verabredet", sagt Lisa.
Anne sieht plötzlich traurig aus.

15

„Komm doch mit", schlägt Lisa vor.
„Dann spielen wir zu dritt Piraten."

„Ehrlich?", fragt Anne. „Super!"
Sie lächelt Lisa zu
und Lisa lächelt zurück.

16

Mädchenkram ist toll!

Heute sollen sich
die Schüler der 2a
ein Wahlfach aussuchen.

Pia überlegt,
dann kreuzt sie „Backen" an.
Backen macht Spaß.

17

Pia knetet gern Teig.
Und wie gut das riecht,
wenn der Kuchen
aus dem Ofen kommt!

Außerdem isst Pia
Kekse für ihr Leben gern.

Da beugt sich Tim
zu ihr hinüber.

„Willst du wirklich
Backen nehmen?", fragt er.
„So ein blöder Mädchenkram.
Komm lieber mit zum Werken!"

Pia zögert.
Vielleicht hat Tim ja recht
und Werken macht viel mehr Spaß.
Außerdem will sie keinen
blöden Mädchenkram machen.

Schnell radiert Pia das Kreuz weg
und malt ein neues neben „Werken".

In der ersten Werkstunde sollen alle
Fahrzeuge aus Pappe basteln.

Pia klebt ihre Pappe so zusammen,
dass ein langer Zug daraus wird.
Dafür braucht sie nicht lange.

Dann hilft sie Tim
bei seinem Lastwagen.

„Macht doch Spaß, oder?", fragt Tim.
Pia zuckt mit den Schultern.
„Geht so", sagt sie.

Viel lieber würde sie jetzt
Teig ausrollen
und Plätzchen ausstechen.

Nach der Stunde
kommen die anderen
mit selbst gebackenen Keksen
aus der Schulküche. Mmmh!

Jetzt ist sich Pia ganz sicher:
„Ich will doch lieber backen",
sagt sie zu Tim.

„Ehrlich?", fragt Tim.
„Vielleicht kannst du dein Wahlfach
ja noch wechseln."

„Genau", sagt Pia zufrieden.
„Ich finde Mädchenkram
nun mal toll!"

Der Indianertest

Nina, Lea und Ruth
bauen im Wald
eine Indianerhöhle.

Ben will auch mitmachen.
„Das geht nicht", sagt Lea.
„Wir sind eine Mädchenbande."

Ben ist sauer.
„So ein Quatsch!", schimpft er. ✗✓
„Mädchen können doch
gar nicht richtig Indianer spielen."

„Aber du, oder was?",
fragt Nina wütend.
Ben nickt.

„Dann mach erst mal
den Indianertest", sagt Ruth.

Sie läuft über einen Baumstamm.
Ohne runterzufallen.
Ben schafft es auch.

„Unentschieden!", ruft Lea.
„Jetzt kommt das Anschleichen."

Lea und Ben schleichen sich beide
an Ruth und Nina heran. ✓

Ben ist so leise wie eine Katze,
aber Lea tritt auf einen Zweig.
Der Zweig knackt so laut, ✓
dass alle es hören können.

„Ein Punkt für Ben", sagt Nina.
„Jetzt machen wir ein Wettrennen."
Nina und Ben laufen los.

Ben ist schnell,
aber Nina ist noch schneller.

„Gewonnen!", ruft Nina.
„Ein Punkt für mich!"
„Nicht schlecht für ein Mädchen",
keucht Ben.

Nina grinst: „Du bist auch
nicht schlecht für einen Jungen!"

„Wir sind alle vier super Indianer",
stellt Lea fest und überreicht Ben
eine weiße Feder.

„Du hast den Indianertest bestanden",
sagt Ruth. „Ab heute gehörst du
zur *Weiße-Feder-Bande*."

„Prima!", meint Ben.
„Können wir jetzt
die Höhle zu Ende bauen?"
„Na klar", sagt Nina.

Und dann machen sich
die vier Indianer an die Arbeit.

Ein Liebesbrief für Nele

Als Nele aus der Pause kommt,
liegt ein kleiner Zettel
in ihrem Federmäppchen.

Nele faltet ihn auseinander und liest:
„Nele, ich liebe dich! Dein J."

Nele wird rot. Ein Liebesbrief!
Aber von wem?
Jens ist zu schüchtern
und Jörg ist heute krank.

Da kommt Jan in die Klasse und ruft:
„Nele-Makrele! Nele-Makrele!"

Nele findet Jan blöd,
weil er sie immer ärgert.

Er ruft ihr gemeine Namen nach,
schubst sie oder zieht
an ihren Zöpfen.

Normalerweise ärgert Nele
ihn dann auch.

Doch heute beachtet sie
Jan einfach nicht.
Ob der Brief von Jonas ist?

Jonas sitzt neben Nele.
Er ist nett.

Vorsichtig schielt Nele
auf sein Heft.
Nein, Jonas' Schrift
ist ganz anders.

Mist! Wer hat nur
den Brief geschrieben?
Nele grübelt und grübelt,
aber sie findet keine Antwort.

40

Nach der Schule
läuft Jan hinter ihr her.

Auch das noch!
Bestimmt will er sie wieder ärgern.
Nele geht schneller.

„He, warte doch mal!", keucht Jan.
Dann fragt er leise:
„Hast du meinen Brief bekommen?"

Nele bleibt stehen.
„Der Brief war von dir?"
Jan wird rot und nickt.

Dann drückt er ihr
eine Blume in die Hand
und läuft davon.

Nele riecht an der Blume.
Vielleicht findet sie Jan
ja doch ganz nett.

Maja von Vogel wurde 1973 geboren und wuchs im Emsland auf. Sie studierte Deutsch und Französisch, lebte ein Jahr in Paris und arbeitete mehrere Jahre als Lektorin in einem Kinderbuchverlag, bevor sie sich als Autorin und Übersetzerin selbstständig machte. Heute lebt Maja von Vogel in Norddeutschland.

Eva Czerwenka wurde 1965 in Straubing geboren. Nach dem Abitur studierte sie an der Münchner Kunstakademie Bildhauerei. Bereits während dieser Zeit entstanden ihre ersten Kinderbuch-Illustrationen. Doch die Liebe zum Modellieren hat sie nicht verloren. Wenn sie mal gerade nicht vor dem Zeichentisch sitzt, formt sie am liebsten Tiere aus Ton.

Die Reihe *Lesetiger* richtet sich an Leseanfänger ab 6 Jahren. Kunterbunte Geschichten zu beliebten Themen erleichtern den Erstlesern den Start in die Welt der Buchstaben. Ganz kurze Textabschnitte in großer, gut lesbarer Fibelschrift sorgen für einen sicheren Leseerfolg; viele farbige Bilder tragen zusätzlich zum Textverständnis bei. So macht das erste Selberlesen Spaß!